AF259734

CONFÉRENCE DES ATTACHÉS.

ÉTUDES BIOGRAPHIQUES.

M. DE BROÉ

PAR

F. REBOULH DE VEYRAC,

JUGE SUPPLÉANT A CORBEIL.

PARIS,

IMPRIMERIE VICTOR GOUPY, RUE GARANCIÈRE, 5,

Derrière Saint-Sulpice.

1868.

PRÉSIDENCE DE M. BRIÈRE-VALIGNY

Docteur en droit, Avocat général près la Cour impéria de Paris.

ÉTUDE SUR M. DE BROÉ,

PAR F. REBOULH DE VEYRAC,

JUGE SUPPLÉANT À CORBEIL.

L'appréciation théorique des problèmes qui font l'objet de nos études, offre à notre examen un fond de discussion aussi intéressant qu'il est inépuisable.

Cependant, à côté de ce terrain si souvent exploré, il peut n'être pas sans intérêt de porter quelquefois nos regards en arrière, et d'étudier la personnalité des magistrats chargés de l'application des lois dont nous discutons les principes, de jeter un coup d'œil sur l'époque à laquelle ils ont appartenu, et d'en apprécier ainsi l'influence et le caractère.

J'ai pensé, Messieurs, déférant au désir de notre honorable président, que je ne pouvais mieux faire que de choisir, à côté de ces grandes figures qui ont porté si haut l'honneur de la magistrature de 1815 à 1830, un homme dont .e nom a brillé dans les fonctions d'a vocat général, et qui a laissé, par la manière dont il a xercé cette haute magistrature, la marque d'un beau caractère et de si bons exemples.

Issu d'une famille parlementaire, M. de Broé, dont je viens vous entretenir, entra de bonne heure dans la magistrature, en qualité de conseiller auditeur ; nommé substitut au tribunal de la Seine, ses qualités exceptionnelles l'appelèrent bientôt à la cour, et, à trente-deux ans, il y occupait les fonctions d'avocat général. La manière dont il les remplit marqua bientôt sa place au Palais, et il y conquit la haute renommée qui, plus tard, devait l'appeler à la Cour de cassation.

Aussi modeste qu'il était instruit, M. de Broé était le seul à ne pas comprendre l'importance des services auxquels il dut son élévation. Placé par M. le procureur général Bellart, si juste appréciateur de toutes les capacités dont il donnait lui-même l'exemple, au poste le plus avancé, il prit part à toutes ces luttes judiciaires brillantes dont le retentissement est arrivé jusqu'à nous. Il demeura ferme au poste de confiance où il avait été placé, et il y combattit glorieusement les plus brillants adversaires, qu'opposait à sa parole un barreau puissant et animé, ce barreau comptait à sa tête l'homme éminent qui, plus tard, devait, en sa qualité de procureur général à la Cour de cassation, rendre un si éclatant hommage à l'élévation et au caractère du magistrat qu'il avait si souvent combattu, et dont mieux que personne il avait apprécié le mérite.

Les paroles que M. Dupin fit entendre devant la Cour de cassation, au sujet de M. de Broé, sont si belles et si honorables, que je ne puis résister au plaisir de vous les citer : « Dignité sans morgue, fermeté sans « rudesse, modération par esprit de justice et d'hu- « manité, amour du travail avec un talent vrai et sou- « tenu, une parole suave sans emphase et sans pro- « lixité, des études fortes et variées, une connaissance « approfondie du droit civil, telles sont, à mon sens, les « qualités qui ont distingué ce magistrat, l'un des « hommes les plus honorables et les plus consciencieux « que j'ai connu. »

Après un tel éloge, peut-être devrais-je m'arrêter et reconnaître mon insuffisance à vous parler de l'homme éminent qui a pu le mériter ; cependant permettez-moi de continuer, et de vous dire encore quelques mots qui vous feront apprécier davantage, s'il est possible, le caractère distingué dont j'ai voulu rappeler le nom à votre souvenir.

M. de Broé, il serait inutile de le dissimuler, avait de ces opinions fortes et convaincues que donne le sentiment d'un devoir loyalement accompli ; mais plus ses convictions étaient vives, plus il mettait de modération à les exprimer. Soit qu'il eût à parler dans le procès de tendance fait au journal *le Constitutionnel*, soit qu'il dût requérir dans l'affaire de la souscription nationale, ou dans le procès en diffamation intenté par la maréchale Brune contre *le Drapeau blanc*, soit enfin qu'il poursuivît la condamnation de Paul-Louis Courier, sa parole toujours noble et calme, et parfois si élevée, sut toujours résister à toutes les exagérations ; insensible aux bruits du dehors, il avait su se mettre en garde contre les entraînements qui atteignent à certaines heures les hommes les plus élevés.

Dans ces moments de crise, les assemblées les plus considérables n'échappent pas toujours à la contagion ; à l'époque dont nous nous entretenons, la magistrature, appelée à connaître des poursuites politiques, était le point de mire des partis et du pouvoir. Un instant on a pu croire que, cédant aux souvenirs des anciens parlements, négligeant trop peut-être la différence des institutions et des époques, mus par ce courant de liberté dont ces grandes compagnies, à certaines heures, se montraient animées, les corps judiciaires avaient voulu faire opposition au pouvoir, et s'entourer contre lui d'une auréole de popularité, jusqu'au jour où l'histoire des passions humaines vint une fois de plus apporter ses enseignements.

M. de Broé, et c'est son honneur, sut se préserver de ces entraînements, de quelque côté qu'ils vinssent, et demeurer fidèle à cette voie de modération et de calme sous laquelle s'abritait son indépendance, première et précieuse vertu du véritable magistrat.

Dernièrement, dans une illustre assemblée, un prélat éminent s'élevant contre l'abus des qualifications dont les partis usent si souvent les uns contre les autres, relevait la dénomination de *cléricaux*, donnée sans doute à ceux qui s'obstinent à croire que la science des Bossuet et des Fénelon est, après tout, préférable à celle de quelques-uns de nos modernes philosophes qui combattent

« la vieille hypothèse de l'âme humaine, » ou considè-
rent l'homme « comme un animal mammifère de la
« famille des bimanes (1), » et la conscience « comme
« le résultat et l'ensemble des instincts altruistes. »
Pardon, Messieurs, de cette expression barbare ; je cite
un dictionnaire de philosophie bien connu (2).

Cet abus, dont les partis usent tour à tour, M. de
Broé l'avait signalé et proscrit dans son réquisitoire sur
le procès de tendance intenté au *Constitutionnel.*
« Qu'on s'empare avec perfidie des mots, dit-il, qu'à
« l'aide de dénominations de convention, on cherche à
« flétrir, à rendre odieux tout ce qui tient à la religion
« de l'État, ce n'est pas là user d'un droit, soutenir une
« thèse, c'est violer la loi. N'avons-nous pas trop ap-
« pris à la connaître dans nos révolutions, cette funeste
« influence des mots ainsi détournés de leur acception
« première ? Que ne peut-on faire avec des mots ré-
« pétés chaque jour dans les journaux, dans les bro-
« chures, et dont on fait ainsi une sorte de monstre
« auquel l'imagination du peuple prête une réalité ?
« L'on crée ainsi un fantôme qu'il n'est pas donné à ceux
« qui l'ont inventé d'arrêter (3). »
Combien de ceux qu'on appelait *les aristocrates,* et
que de nos jours on nommerait *les oisifs,* n'ont-ils pas
porté la peine de ce déplorable abus !

(1) *Dictionnaire* de Robin et Littré.
(2) *Dictionnaire de* Nysten, édité par Robin et Littré.
(3) *Réquisitoire. Procès* de tendance contre *le Constitutionnel.*

Parle-t-il ailleurs de la libre indépendance des magistrats anciens dont on évoquait les ombres : « A-t-on
« oublié que, dans ces luttes célèbres auxquelles ils
« prenaient part, ils n'avaient pas à défendre encore
« l'immuable base de toutes choses? Oublie-t-on que
« lorsqu'elles apparurent, ces attaques dirigées contre
« la religion et la société par un philosophisme dont
« nous avons goûté les fruits, ce furent ces mêmes ma-
« gistrats qui les premiers montèrent à la brèche, et
« déchirèrent le voile dont alors aussi l'irreligion se
« couvrait. Vous invoquez leurs noms, mais si vous
« interrogez ces souvenirs glorieux qui lient l'ancienne
« magistrature à la nouvelle, ne voyez-vous pas que
« leurs noms déposent contre vous? Vous vous emparez
« de leurs paroles, mais vous les retournez contre leurs
« principes (1). »

Poursuivant cette idée dans un autre de ses réquisi-
toires, M. de Broé dit : « Ne nous y trompons pas,
« Messieurs, les choses ont bien changé de face depuis
« un demi-siècle; dans tous les temps, sans doute, il
« est noble d'embrasser la cause de la liberté; mais
« n'est-il pas aussi des temps où le véritable courage
« consiste plutôt à défendre l'empire des lois contre la
« licence, et l'ordre social contre l'anarchie? Ce cou-
« rage, qui ne recherche pas la gloire mais qui n'en-
« gendre pas les remords, la France le trouvera tou-

---

(1) Réplique de M. de Broé. Procès de tendance contre *le Constitutionnel.*

« jours dans ses magistrats. . . . . Quand le devoir et
« l'intérêt public font entendre leur voix, le magistrat
« répond à ce noble appel et marche droit au but comme
« le soldat marche à la défense de la patrie ; c'est
« la vérité qu'il cherche, parce que la vérité c'est
« le triomphe de la justice et la gloire du magis-
« trat (1). »

Je vous demande pardon, Messieurs, de ces longues
citations qui semblent écrites d'hier, et portent avec
elles leurs enseignements ; pouvais-je, d'ailleurs, mieux
louer M. de Broé qu'en vous le faisant connaître par
ses œuvres ?

L'homme qui parlait ainsi comprenait bien la haute
mission que le magistrat accomplit dans sa conscience,
lorsqu'il vient s'asseoir sur le siége où la loi l'appelle à
juger ses semblables. Aussi, celui qui se faisait une si
haute idée de la conscience était-il, plus que tout autre,
fondé à la prendre pour sujet d'un discours qu'il fut
appelé à prononcer devant la cour : « L'homme porte
« en soi, dit-il, le juge de ses actions ; juge protecteur
« qui soutient, récompense et console ; juge sévère,
« qui blâme, venge et punit (2). »

Ne trouvez-vous pas comme moi, Messieurs, que cette
définition si noble et si simple, repose un peu de celles
dont nos oreilles ont été frappées depuis quelque temps,

(1) Affaire de la souscription nationale. (Réquisitoire de **M. de
Broé.**)

(2) **Discours de rentrée.** (Sur la conscience.)

et qu'elle fait aimer l'homme qui comprenait si noblement la règle de ses devoirs?

« Ce juge qu'on nomme la conscience, dit M. de
« Broé, doit être le guide de tous les hommes ; il doit
« l'être surtout de ceux qui concourent à l'administra-
« tion de la justice. Dans quel temps, plus que dans
« celui où nous vivons, a-t-on parlé d'indépendance?
« mais où trouver l'indépendance, si ce n'est dans cette
« force que donne la conscience (1)? »

Parlant des liens que crée la recherche de la popularité à ceux qui veulent fonder leur puissance sur cette base fragile, M. de Broé dit : « L'adulation du peuple,
« l'entraînement des passions, l'égarement de l'igno-
« rance, voilà leurs moyens d'action ; ils ont horreur
« d'un maître, et ils en acceptent mille ; ils exècrent
« les flatteurs des rois, et ils se font les flatteurs des
« carrefours ; ils chérissent les lumières, et ils fondent
« leur pouvoir sur les volontés brutales de l'ignorance ;
« ils ne peuvent s'arrêter sous peine de perdre cette
« popularité qu'ils ont acquise à tant de frais, et de
« blesser le tyran ombrageux et implacable qui ne re-
« cule jamais (2). »

Messieurs, l'homme qui parlait si bien d'indépendance, faisait surtout mieux : il la pratiquait.

En 1827, les écarts de la presse avaient paru tels au Gouvernement, qu'il avait établi, à côté de la justice

(1) Discours de rentrée. (Sur la conscience.)
2) *Ibid.*

répressive, un conseil de surveillance des journaux, composé de trois pairs de France, de trois députés, et de trois membres du Conseil d'État ; c'était l'idée première, irrégulière sans doute, du jury spécial dont, de nos jours, les bons esprits demandent l'application.

M. de Broé, que ses services exceptionnels avaient fait nommer maître des requêtes, fut désigné pour faire partie de cette commission. Il ne pensa pas qu'une telle juridiction comportât les garanties d'impartialité qu'il n'avait cessé d'apporter dans l'accomplissement de ses devoirs, et il refusa d'en faire partie, ne voulant pas se faire ainsi juge, dans un tribunal d'exception, des journaux qu'il avait si souvent combattus.

J'en ai fini, Messieurs ; permettez-moi cependant de vous faire connaître un dernier trait qui peint à lui seul la générosité de caractère du magistrat dont j'ai entrepris de vous esquisser le portrait.

Au nombre de ceux qui attaquaient d'une manière plus vive le gouvernement de la Restauration, et qui avaient été l'objet des poursuites de la justice, se trouvait un homme d'une personnalité originale et d'une valeur particulière, qui portait dans la vie civile l'esprit de dénigrement et d'opposition dont, au cours de sa carrière militaire, il n'avait pas craint de donner maintes fois l'exemple ; j'ai nommé Paul-Louis Courier.

Irrité d'une condamnation qu'il avait encourue à l'occasion d'un de ces pamphlets qui lui créèrent à cette époque une sorte d'illustration populaire, il ne craignit pas de publier contre le président et les jurés, et surtout contre M. de Broé, qui avait poursuivi sa condamnation, un article injurieux des plus violents. Paul-Louis Courier allait être poursuivi, et sa condamnation ne pouvait être douteuse, lorsque M. de Broé, instruit des poursuites dont il allait être l'objet, intervint, et employa tout son crédit à arrêter l'accusation, croyant avec raison, par cet acte de générosité, s'être suffisamment vengé des attaques dont sa dignité ne pouvait être affectée.

J'ai hâte, Messieurs, de dégager votre patience, aussi j'abrége, et au milieu de tant de travaux importants auxquels prit part M. de Broé, je me borne à vous indiquer l'affaire de la maréchale Brune contre le *Drapeau blanc*, dans laquelle il maintint les droits de l'histoire; celle de l'accusé Castaing, dans laquelle il détermina avec autorité les faits constitutifs du corps du délit dans les crimes d'empoisonnement.

A ces titres particuliers, auxquels un talent oratoire si distingué donnait un caractère d'élévation et de grandeur, M. de Broé joignait une instruction des plus solides, et une étude approfondie du droit : il en donna la preuve dans l'affaire du comté de Vertus, où s'agitait une question domaniale des plus compliquées, relative à la dot de la fille du roi Jean. M. de Broé porta la parole dans cette affaire, qui était demeurée pendant trois cents ans devant le parlement; il l'éclaira de la lucidité de son esprit, et eut l'honneur de la voir terminer.

L'homme que distinguaient tant de belles qualités, était bien fait pour tenter notre faiblesse, et j'avais raison de dire en commençant, qu'il peut être considéré comme la noble personnification du magistrat, dans ces jours de luttes que nos pères ont traversés à une époque qui n'était pas sans grandeur.